AUX CULTIVATEURS.

LETTRES DE P. JOIGNEAUX,

Représentant du Peuple.

(EXTRAIT DES JOURNAUX.)

Première Lettre.

Passy, le 10 février 1849.

Nous ne sommes pas loin de la saison des carémages, le soleil est déjà chaud, les lilas boutonnent, les groseillers ont des feuilles ; dans quelques jours, nous sèmerons partout nos avoines et nos orges; nos blés verdiront dans la plaine et l'alouette chantera. Dieu veuille que l'année soit bonne, que la fleur passe en son temps et que l'épi soit lourd. Et puis aussi, Dieu veuille que la confiance revienne ; car sans elle pas de travail dans les villes; sans travail dans les villes, pas d'argent dans les campagnes, et sans argent, pas d'affaires, pas de vente. Le blé s'échauffe sur les greniers, le vin tourne dans les caves, et les fermages ne se paient plus. Les uns sont malheureux parce qu'ils ne vendent point, les autres le sont plus encore parce qu'ils ne peuvent acheter.

Voilà notre situation, et il s'agit d'en sortir au plus tôt. Quand un chariot est embourbé jusqu'aux moyeux, on ne le sort pas de la fondrière profonde en attelant les chevaux de renfort à l'arrière-train et en fouettant des deux côtés. On romprait les traits de l'attelage en pure perte. Eh bien! le gouvernement actuel ressemble fort au chariot en question, et comme les uns le tirent en arrière et les autres en avant, on ne gouverne pas, on n'aboutit pas, on s'épuise en querelles de portefeuilles, en luttes sans portée. Irons-nous en pleine République, reculeronsnous vers la monarchie? C'est ce qu'un avenir prochain décidera. Attendons que le suffrage universel s'explique une troisième fois, et tenons-nous prêts.

Ce jour-là, cultivateurs mes amis, laissez vos charrues au bout du sillon, vos chevaux à l'écurie, vos bœufs à l'étable, et mettez vos guêtres neuves. Que le soleil donne ou que la pluie tombe, que vous soyez dispos ou ne le soyez pas, que la route soit longue ou courte, mauvaise ou bien gravelée, allez au scrutin tambour en tête et le drapeau de la République au vent. Ce ne sera pas une mince affaire que le prochain vote; il ne s'agira ni plus ni moins que de sauver ou de perdre la France. Ce sera comme si vous aviez à choisir entre une rosée de mai et une averse de grêle au moment où les épis jaunissent.

La République, c'est la rosée; la monarchie, c'est la grêle. Ne prenez pas l'une pour l'autre; ouvrez l'œil comme à l'affût, ne vous exposez pas à tirer un lapin pour un lièvre. Cela s'est vu en avril dernier; beaucoup parmi vous ont accepté pour démocrates des gens qui se disaient tels, qui en avaient la peau, la couleur et les allures. Ça a été un malheur; mais, après tout, ce malheur n'est pas irréparable. Quand, une fois dans sa vie, on a reçu en paiement une pièce de cuivre étamée pour une pièce d'argent, on devient soupçonneux et ensuite on n'accepte plus que celles qui ont le son clair. En fait de candidatures, à l'avenir, exigez la garantie des antécédents, et souvenez-vous de ces paroles de Napoléon: *Les blancs seront toujours blancs.*

Au 10 décembre, vous n'avez pas eu non plus la main très-heureuse. Cela se comprend : on vous offrait un nom, un souvenir de grandeur et de gloire nationale; vous l'avez accepté avec enthousiasme, comme une relique, comme une feuille de saule venant du tombeau de Sainte-Hélène. Ça a été une affaire de culte, de fanatisme et d'espoir généreux; mais aujourd'hui, il y a du refroidissement et beaucoup parmi les idolâtres de décembre : on a raisonné, et la foi a disparu. Ceci nous rappelle l'histoire d'un grand seigneur qui s'imagina un jour de planter aux environs de Paris des ceps de vigne provenant des meilleurs crus de Pomard et de Volnay. Il récolta du suresnes ou de l'argenteuil; et, comme il s'en étonnait, un homme de sens lui fit observer qu'en apportant les ceps de la Bourgogne, il avait eu le tort de ne pas apporter en même temps la terre, le soleil et l'exposition.

On pourrait faire observer de même à ceux qui, en nous donnant un rejeton de la famille impériale, ont cru retrouver l'étoffe d'un Napoléon, qu'ils ont oublié le génie de l'oncle, les circonstances qui l'ont produit, et le despotisme sur lequel il s'est appuyé. Or, le génie ne se transmet point, les circonstances ne sont plus les mêmes, et le despotisme n'est plus possible en France. C'est pour cela que le neveu est à l'oncle ce que le suresnes et l'argenteuil sont au pomard et au volnay.

Quoi qu'il en soit, ne désespérons pas. « A quelque chose malheur est bon, et chat échaudé craint l'eau froide, dit le proverbe. » On nous a d'abord affirmé que du jour où le gouvernement provisoire n'existerait plus, la confiance renaîtrait. Le gouvernement provisoire est tombé, la commission exécutive est venue, et la confiance n'a pas reparu. C'est la faute de cette commission, a-t-on ajouté : la commission a fait place à la dictature du général Cavaignac, mais la confiance n'a toujours point reparu ; c'est alors qu'on a demandé un président de la République de par le suffrage universel, c'est-à-dire une contrefaçon de roi. La confiance qui devait se produire enfin ne se produit pas davantage. Cette fois, c'est la faute de l'Assemblée nationale. Dans trois mois, si la Législative compte une imposante majorité de royalistes, on nous dira que le mal vient du président de la République ; qu'il faut un roi, Henri V et le drapeau blanc. Alors, on reprendra le complot du 29 janvier pour le mettre à exécution sous le patronage de quelques traîtres et des armées étrangères, au besoin.

Vous le voyez, on nous a promenés de mensonge en mensonge, de promesse en promesse, de déception en déception. Depuis la nomination de M. Louis Bonaparte à la présidence, nous ne sachions pas que le blé se vende cinq francs le double décalitre, que l'impôt soit diminué, que les 45 centimes soient remboursés, que les contributions indirectes soient abolies et que le pauvre ait conquis pour son bétail le droit de pâture dans les taillis de quatre ans. On nous avait cependant fait espérer de belles choses. Qu'avons-nous eu ? La réduction de la taxe du sel ; et encore nous ne devons en remercier ni M. Louis Bonaparte, ni ses ministres, qui ont voté contre.

Par le temps qui court, ceux qui promettent le plus sont les ennemis de la République. Comme ils sont bien décidés à ne pas tenir parole, les promesses ne leur coûtent rien. Ce qu'ils veulent, ce sont des voix pour la Législative ; or, pour cela, ils escompteront l'avenir au profit de quiconque consentira de nouveau à jouer le rôle de dupes. Voulez-vous des emplois en espérance? on voici; voulez-vous des diminutions d'impôts? en voilà; aimez-vous mieux n'en point payer du tout? c'est une affaire entendue, ne marchandons pas pour des bagatelles. Demandez ce que bon vous semblera, vous obtiendrez tout; ne demandez rien, on vous tiendra compte de votre désintéressement et on vous offrira des merveilles. C'est là ce qu'on appelle de la diplomatie en politique; dans le monde ordinaire, cette industrie a un autre nom.

Travailleurs du sol, ne soyez pas dupes, et, pour ne pas l'être, faites à part vous ce petit raisonnement. Il n'y a pas deux moyens de soulager ceux qui souffrent, de réduire leurs contributions; il n'y en a qu'un seul, c'est d'imposer le revenu, de mesurer le fardeau à la largeur des épaules et de reporter sur les gros ce qu'il y a de trop sur les petits. Un gouvernement, quel qu'il soit, ne vit pas de l'air qui court; il faut qu'il trouve sa nourriture quelque part. Aujourd'hui, c'est le propriétaire foncier, c'est l'ouvrier des champs, c'est l'ouvrier des villes, c'est le petit marchand qui l'hébergent, et ils savent que l'ogre ne vit pas de peu; mais si vous retirez au gouvernement l'impôt du sel, l'impôt sur les boissons et une partie de l'impôt foncier, il devra nécessairement chercher sa vie ailleurs, parmi les rentiers, les capitalistes, les usuriers, les industriels, qui, pour cette raison, s'obstinent à ne pas vouloir de la République, et qui, par conséquent, ont intérêt à tromper les électeurs des campagnes. Tant que la chèvre ne quitte pas le champ du voisin, ils ne disent rien; mais quand elle s'approche du leur, ils font un bruit d'enfer. L'impôt qui ne les touche pas est un agneau; les menace-t-il de trop près, c'est un loup. Pionniers qui portez la blouse, les sabots de hêtre et les souliers ferrés, défiez-vous des parasites, surtout lorsqu'ils vous font des offres séduisantes. Il y a toujours des épines cachées sous les fleurs qu'ils vous tendent.

C'est la chose du monde la plus facile à s'expliquer. Supposez que vous ayez pour v us représenter dans une assemblée politique un capitaliste riche à 30 ou 40 mille livres de rente. Dès qu'il s'agira de diminuer l'impôt foncier, d'enlever l'impôt sur les boissons, de dégrever complètement le sel; il y a cent à parier contre un que cet homme se dira:

Mais si je rogne les vivres au gouvernement sur ce point, si j'empêche qu'il vive aux dépens des pauvres, il faudra bien qu'il tende la main aux riches, qu'il impose les capitaux, qu'il prenne où il y a de quoi prendre. Par conséquent, en travaillant pour l'intérêt général, j'attaquerai mon intérêt particulier, et la charité bien entendue ne me le permet pas.

Allez, les loups plaideront toujours mal la cause des moutons; et pourtant les moutons ont habituellement la faiblesse de les choisir pour avocats. D'où vient cela? De l'ignorance des uns et de la perfidie des autres.

Il y a deux manières de tromper le pauvre monde. On sonde hypocritement ses plaies, on lui parle de ses douleurs, on pleure sur ses misères, et on lui promet du baume, beaucoup de baume, en échange de ses votes.

Le second moyen consiste à jeter la peur dans les campagnes et à leur présenter leurs véritables soutiens comme des terroristes, des pillards, des socialistes, des républicains rouges; des hommes de sang, en un mot. Quand on veut faire assommer le chien de son voisin, on le dit enragé; quand un royaliste veut perdre un républicain, il le dit aussi enragé.

Ce n'est pas honnête, il est vrai; mais la calomnie porte. Nous ne sommes pas au siècle de Rabelais, et cependant, si l'on nous accusait d'avoir mis les tours de Notre-Dame dans nos poches, il serait peut-être encore prudent de déguerpir à toutes jambes.

Deuxième Lettre.

Passy, le 17 février 1849.

Le bon accueil que vous avez fait à ma première lettre, me porte à vous en écrire une seconde. Il me semble d'ailleurs qu'une politesse en vaut une autre; et puis, c'est une occasion de causer un moment des affaires du pays. Dans quelques semaines, vous ne lirez ni les journaux, ni mes lettres; car vous aurez bien autre chose à faire. Ce sera la fin de vos semailles de printemps, l'époque du premier coup de charrue pour celles d'automne, le moment d'aller aux vignes courber le dos toute la sainte journée; et quand viendra la nuit pleine, vous n'aurez guère souci que de dormir en paix, priant Dieu la veille qu'il fasse beau le lendemain et qu'il préserve les jeunes pousses des gelées tardives. Ainsi donc, tandis que les nuits sont encore

longues et les soirées brumeuses, ne perdons pas notre temps.
Jetez sur la braise qui s'éteint deux ou trois poignées de bois
sec, mettez un doigt d'huile dans la lampe de cuivre, allongez
la mèche qui charbonne, et donnez-moi cinq minutes d'attention.
C'est, je vous le répète, pour causer un peu des affaires du pays.

Depuis que la République est au monde, vous n'êtes pas précisément comme le poisson dans l'eau, j'en conviens; mais,
après tout, vous conviendrez de votre côté que c'est moins la
faute de la République que des gens qui la tiennent pour le
quart d'heure. Elle existe, mais elle ne fonctionne pas; elle vit,
mais elle ne marche pas; c'est une charrette neuve sous la
remise. Les hommes qui sont aux affaires croient avoir intérêt
à ne pas s'en servir. Demander aux royalistes, de race ou d'occasion, qui occupent les ministères, les préfectures, les coins et
recoins de nos administrations, ce qu'ils pensent de cette forme
de gouvernement, serait la chose du monde la plus bouffonne.
Autant vaudrait demander à un conducteur de diligences son
opinion sur les chemins de fer. Nul ne bénit d'ordinaire l'invention qui lui coupe les vivres. C'est pourquoi nous ne devons
pas nous étonner de ce qui se passe, en songeant que les pères
nourriciers de notre jeune République sont les mêmes hommes
qui, sous la royauté défunte, faisaient la pluie et le beau temps,
les mêmes qui vivaient des impôts et n'en payaient pas. Ils
voudraient ramener au monde cette royauté qui les fit gros et
gras; c'est pour cela qu'ils rusent, qu'ils intriguent, qu'ils
manœuvrent souterrainement, qu'ils creusent leurs terriers
dans nos domaines. Mais, hélas! les jours heureux sont passés,
les marquis auront beau s'agiter, se démener, donner des ordres,
prendre leur grosse voix et tirer leur grand sabre, la terre n'en
tournera pas moins. Nos royalistes me font l'effet de ces hommes
qui, de passage vers minuit au détour d'un bois sombre, trem-
blent dans leur peau, et qui, voulant se prouver à eux-mêmes
qu'ils n'ont pas peur, sifflent des airs guerriers ou chantent à
tue-tête. Ils me rappellent encore ce vieux roi Louis XI, prêt à
rendre l'âme et faisant acheter par tout le royaume des faucons
et des lévriers, afin que l'on pût dire parmi les populations : Le
roi se porte mieux que jamais et se prépare aux plaisirs de la
chasse. Les fanfaronnades de ce temps-ci, les pèlerinages des
uns et l'impertinence des autres sont assurément renouvelés de
ce chapitre des misères humaines. Allez, les morts sont bien
morts, et le trône de vos maîtres ne renaîtra pas de ses cendres.

Je comprends très-bien que les barons de l'industrie, de la banque et de l'usure, que des hommes habitués à vivre d'une manière suspecte sous le couvert de vieilles lois faites par eux et pour eux seuls, ne s'accommodent pas volontiers d'une République et vouent ce régime à l'exécration de la postérité ; mais ce que je ne comprends pas aussi bien, c'est que des hommes de bon sens, d'anciens serfs affranchis d'hier, des cultivateurs, des artisans, des ouvriers des villes, aient la bonhomie de chanter la même gamme que ces gens-là. N'est-ce pas le grain bénissant la meule qui veut l'écraser ?

Les révolutions vous dérangent un peu dans vos habitudes, je le sais ; elles amènent la baisse sur les marchés, l'argent se cache, le prix des denrées tombe, et cela dure quelquefois plus d'une année. C'est fâcheux sans doute ; mais, en fin de compte, plaie d'argent n'est pas mortelle.

Quand on jette à terre un vieux mur, les passants et les voisins sont exposés à avaler de la poussière ; quand on abat de vieilles institutions, on se trouve exposé aussi à toutes sortes d'inconvénients : mais, dans l'un et l'autre cas, il faut se résigner de bonne grâce et savoir attendre. En temps de révolution, on ne rentre pas dans ses déboursés du jour au lendemain. Pour ensemencer vos terres, n'achetez-vous pas quelquefois du grain à raison de 6 fr., de 7 fr. le double décalitre ? Dans l'occasion, n'empruntez-vous pas quelquefois à raison de 8, 9, 10 et 15 pour cent ? Ne vous mettez-vous pas dans la gêne en attendant que la récolte vienne, et, durant les dix longs mois d'attente, ne craignez-vous point les fortes gelées, les pluies continuelles au moment de la fleur, la grêle au moment où les épis mûrissent ? Ceux qui sèment récoltent-ils toujours ? ceux qui inventent une bonne machine sont-ils toujours sûrs de profiter de l'invention, après y avoir jeté leur dernier écu ? Évidemment, non. Eh bien ! les peuples qui sèment des révolutions dans l'espoir de récolter des libertés et du bien-être pour tous, sont dans la même situation que l'inventeur et le fermier. Il arrive parfois que ces révolutions sont contrariées dans leur marche et deviennent funestes aux générations qui les supportent ; il ne s'ensuit pas qu'on doive les maudire.

Nos pères, ceux qui ont fait 89 et 92, ont bien autrement souffert que vous. Ils ont eu froid, ils ont eu faim, ils ont eu sur les bras les deux cent mille royalistes de la Vendée et les armées étrangères. Ils ont été injuriés, traînés dans la boue, calomniés à outrance et maudits. Et cela, ne l'oubliez pas, parce qu'ils ont arraché le peuple à la domination du château, de l'église et de l'abbaye ; parce qu'ils nous ont délivrés pour toujours de la dîme, des redevances et des corvées ; parce qu'ils nous ont taillé des petites propriétés dans les grands domaines des émigrés ; parce qu'ils ont rendu le sol à ceux qui le cultivaient depuis des siècles pour le compte de leurs seigneurs et maîtres. Ils ont eu la besogne et la peine ; ils n'ont point profité de la récolte. C'est nous qui l'avons moissonnée et mise en grange. Ils ont planté l'arbre, c'est nous qui avons cueilli les fruits. Allez, dans tous les temps, ceux qui frayent le chemin aux autres ont des dangers à courir et des misères à porter.

Aujourd'hui, comme en 89 et 92, c'est aux républicains seuls que la calomnie s'attaque. On affirme aux populations que ce sont des pillards, des gens de sac et de corde ; qu'il faut s'en défaire à tout prix, pour ramener la confiance et le travail. Le noble le dit à ses fermiers, le curé le dit à ses paroissiens, et le capitaliste le dit à ses emprunteurs. Mais ce que le capitaliste, le curé et le noble ne disent pas, c'est la vérité. Ce qui nous rend criminels aux yeux de ces hommes *honnêtes et modérés*, c'est que nous voulons imposer le revenu, reporter les petites cotes sur les grosses, imposer l'argent qui ne paie rien au fisc et dégrever la propriété foncière qui paie trop, abolir immédiatement l'impôt sur les vins, rappeler le milliard des émigrés en remboursement des quarante-cinq centimes ; c'est que nous voulons l'enseignement obligatoire et gratuit, et mille autres réformes avantageuses au peuple des campagnes et des villes ; c'est que nous ne voulons ni pour or ni pour argent d'un régime tombé il y a plus d'un demi-siècle. La domination de la noblesse, des curés et des chevaliers de l'usure a fait son temps. Passez, passez, besogneux d'une autre époque, nous n'avons rien à vous donner.

Cultivateurs, comprenez-vous maintenant ?

Imposer le revenu, reporter les petites cotes sur les grosses, imposer l'argent, n'est-ce pas attaquer les intérêts du gros rentier, du gros bourgeois, du capitaliste et de l'usurier de profession ?

Décréter l'enseignement obligatoire et gratuit, n'est-ce pas faire concurrence aux ignorantins ? n'est-ce pas vouloir que le fils de Gros-Jean en remontre un jour à son curé ? n'est-ce pas chercher à ouvrir les yeux du pauvre monde ? n'est-ce pas l'apter à connaître ses droits et à pratiquer ses devoirs ?

Réduire l'impôt foncier, n'est-ce pas vouloir améliorer l'état des cultivateurs et les soustraire aux griffes de l'usure?

N'y a-t-il pas là, encore une fois, de quoi nous faire maudire des châtelains, des gens d'église et de finance?

Lorsque, dans nos villages, on veut protéger ses fruits mûrs, son froment en épis, et son carré de chanvre contre l'appétit des moineaux, que fait-on? On façonne tant bien que mal un mannequin avec de la paille, et on le coiffe d'un chapeau d'homme suspect. Voilà l'ennemi.

De même, lorsqu'ils tiennent à protéger leurs priviléges contre le cultivateur qui veut vivre en travaillant, qui veut la réduction des impôts, l'instruction gratuite et bonne, les ho mmes qui rêvent son butin par voie d'expropriation et qui exploitent son ignorance, lui crient : « Cours au plus pressé, nous parle-» rons de cela plus tard: l'ennemi est à ta porte; c'est un répu-» blicain, un rouge, entends-tu, un misérable capable de tout, » qui va prendre ton bien, ta vache, ton cheval gris, et ne te » laissera que les yeux pour pleurer. » C'est toujours la suite de ces fameux brigands de notre première Révolution, qui arrivaient de tous côtés et que l'on ne rencontrait nulle part.

Le jour où nos cultivateurs, au lieu de trembler, prendront le sage parti de s'approcher de l'épouvantail qu'on leur désigne du doigt, quand ils se seront assurés de leur propres yeux que les républicains, que les montagnards sont comme eux faits de chair et d'os, et comme eux ennemis de la rapine et du sang, ils retrouveront la quiétude du moineau qui a découvert la paille bouchonnée sous le chapeau de l'homme suspect.

Quelques années, sans doute, s'écouleront d'ici là. En attendant, que Dieu nous conserve le suffrage universel et nous donne l'instruction gratuite pour l'hiver prochain.

Troisième Lettre.

Passy, le 24 février 1849.

C'est en vain que l'on effeuille ou que l'on coupe les rejets d'un arbre, la racine ne meurt pas pour si peu; feuilles et pousses reviennent en leur temps, aussi vigoureuses, aussi vertes que les premières.

Il en sera de même pour la République. C'est en vain que l'on déchirera ses drapeaux, que l'on effacera ses emblèmes, qu'on la dévalisera pièce à pièce, afin de la rendre misérable aux yeux du peuple; le suffrage universel, qui est sa racine, ne périra pas. Or, tout l'avenir est là. Avec un commissaire de police ou un gendarme on se défait d'un bonnet phrygien, d'un niveau, d'une formule ou d'un signe qui déplaît; mais il n'est pas aussi aisé de se défaire du suffrage universel. Le gendarme et le commissaire de police n'y peuvent rien. C'est fort heureux, par le temps qui court; car, autrement, en un tour de main, ce droit-là passerait dans la gibecière des royalistes.

Que Dieu nous le conserve et le protége contre l'appétit des escamoteurs politiques.

Le suffrage universel, je le sais, ne nous a pas donné jusqu'à ce jour de merveilleux résultats; mais ce n'est pas sa faute à lui; c'est la nôtre, c'est celle des hommes qui nous ont tenus dans l'ignorance. Une arme est utile ou nuisible, selon qu'on la manie bien ou mal. En maniant le suffrage universel, le peuple n'a pas été heureux; il s'est blessé. Faisons en sorte maintenant qu'il ne se blesse pas de nouveau; c'est-à-dire, qu'il ne prenne plus ses représentants dans une mêlée de listes, comme on prend des billets de loterie dans un sac, sans réflexion ni triage.

C'est pour cela que je m'adresse aux populations des campagnes. Elles sont toutes-puissantes par le nombre; il dépend d'elles, au jour des élections, de faire la pluie ou le beau temps, de nous sortir de la gêne ou de nous y replonger de plus belle.

Pour mon compte, si j'étais encore au village, si je faisais valoir une petite propriété, je me dirais ceci : — Les temps sont durs, très-durs, l'argent est rare, le blé ne paie pas mes façons de charrue, les quarante-cinq centimes me pèsent sur le cœur; mais ce n'est point une raison pour désespérer et jeter le manche après la cognée.

Je me dirais encore : — Sous la royauté, je ne payais pas le cens, je n'étais pas électeur; mon voisin, qui l'était, me regardait fièrement par-dessus les épaules et prenait vis-à-vis de moi des petits airs de hauteur. Ça ne laissait pas de me vexer. Quand les choses allaient mal, je n'avais que le droit de me plaindre; quand le député de mon arrondissement ne se comportait pas comme il faut, je n'avais pas le droit de le mettre à pied. Aujourd'hui, ce n'est plus cela, je me sens l'égal de mon voisin, je peux mettre *électeur et éligible* au bout de mon nom, comme le premier millionnaire venu; mon vote pèse dans la balance autant que le vote d'un grand seigneur, et ce commencement d'égalité-là me fait du bien.

Je me dirais probablement ensuite : — Pour nous tirer d'affaire, nous autres pauvres diables de paysans, il nous faudrait le dégrèvement de la propriété foncière, l'institution de banques agricoles ne nous prêtant jamais à plus de trois pour cent, l'abolition de l'impôt sur les vins, l'enseignement gratuit pour nos enfants, la justice à bon marché ou pour rien, le rappel du milliard des émigrés, qui servirait à nous rembourser les quarante-cinq centimes, enfin les assurances par l'État et une réorganisation de l'armée qui nous délivrât de ce qui est trop dur dans le service militaire actuel.

Voilà ce que je me dirais et ce que demanderais directement à la République, dans mon intérêt et dans celui de plusieurs millions d'autres, si je me trouvais en position de le faire. Dans le cas contraire, je voudrais pour représentants des hommes qui entrassent complètement dans mes vues, qui désirassent les mêmes choses que moi, qui eussent par conséquent, et autant que possible, les mêmes intérêts. Quand, pour vider une contestation ou estimer un train de ferme, on choisit un expert, on veut que ce soit un honnête homme qui s'entende à la chose et la traite comme si c'était la sienne. Pourquoi donc, lorsqu'il s'agit de nommer un représentant, c'est-à-dire d'envoyer à Paris, moyennant rétribution, un chargé d'affaires, n'y regarderions-nous pas à deux fois avant de donner au candidat notre confiance et une procuration en règle.

Eh bien! demandons-nous à présent, la main sur la conscience, si un cultivateur qui a l'ombre du sens commun, qui sait distinguer le blanc du noir et un sou d'un petit écu, doit nommer, pour le représenter dans les assemblées politiques, ou de très-riches propriétaires fonciers, ou de gros industriels, ou de gros bourgeois, ou enfin de gros banquiers. Je ne le crois pas, et voici pourquoi :

Le riche propriétaire foncier ne cultive pas d'ordinaire ses champs; il ne tient pas les mancherons de la charrue; il ne produit pas. Loin de là, il afferme; il prête ses terres à intérêt variable, de même que le banquier prête son argent. Quand le gouvernement augmente le chiffre du bordereau, il augmente, lui, ses prix de fermage. Donc, il n'a pas les mêmes intérêts que le petit cultivateur, que l'homme qui met la main à la pâte.

Le gros industriel se soucie fort peu des améliorations agricoles. Il ne s'adresse jamais au gouvernement que pour mendier des droits de protection et de prohibition aux frontières. Les gros industriels n'ont pas peu contribué à vider, sous Louis-Philippe, les caisses de l'Etat; ils ont eu leur bonne part du gâteau. En attirant à eux les capitaux, il les ont constamment éloignés des campagnes. Le gros industriel ne peut donc être, dans aucun cas, l'interprète des travailleurs du sol.

Le gros bourgeois, de son côté, fût-il de la meilleure pâte dans l'espèce, ne sera jamais non plus l'interprète fidèle des besoins de nos populations rurales. Il ne peut pas désirer que le taux de l'intérêt soit réduit à trois et au-dessous, lui qui prête à cinq, à six, et qui va beaucoup plus loin lorsqu'il n'est pas sujet aux scrupules de conscience. Il ne demandera pas la supression des taxes qui pèsent sur les objets de première nécessité, attendu que le fisc pourrait bien s'adresser au numéraire, aux rentes sur l'Etat, aux choses de luxe, à tout ce qui devrait payer l'impôt et ne le paie pas. Or, le bourgeois qui a de l'argent et des rentes sur l'Etat, qui a des chevaux de luxe, des meutes, etc., n'entend pas raison sur ce point. Il ne demandera pas que l'instruction soit gratuite à tous ses degrés, parce qu'il n'est pas bon, selon lui, que les pauvres en sachent aussi long que les riches; il les trouve déjà trop raisonneurs, beaucoup trop.

Le gros banquier est, par état, l'adversaire des intérêts populaires. Il ne votera jamais la réduction de l'intérêt de l'argent; il maintiendra de toutes ses forces l'impôt sur les boissons, car cet impôt ne l'atteint pas et pourrait être remplacé par un autre impôt qui l'atteindrait. Il ne veut pas que le pouvoir s'empare des assurances, attendu qu'il est actionnaire dans telle ou telle compagnie. Le banquier, j'en conviens, a tout à perdre avec une République, tout à gagner avec une monarchie.

Cultivateurs, mes amis, pesez bien dans votre gros bon sens ce que je viens de vous dire. Le soir, après souper, causez-en cinq minutes avec votre femme ou avec l'aîné de vos garçons; le dimanche, entre messe et vêpres, touchez deux mots de la chose aux gens du pays; demandez-leur ce qu'ils en pensent, et je parie que vous serez tous de mon avis, aussi sûr que deux et deux font quatre.

Par conséquent, vous n'aurez plus, aux prochaines élections, la simplicité d'aller demander conseil à votre bourgeois, à votre notaire, à votre avocat, à votre avoué, à votre huissier, à l'ancien seigneur de votre village ou au curé de votre paroisse ; gens fort respectables, assurément, mais qui ne cherchent pas à vous rendre la vie douce. Vous ne prendrez conseil que de votre jugement, et vous vous direz : Les loups ne se mangent pas ; ouvrons l'œil de notre côté, faisons nos affaires nous-mêmes, car c'est le seul moyen de les faire bonnes.

Et vous aurez raison. Quand vous achetez une bête en foire, vous ne vous fiez pas à la parole du maquignon ; car vous savez qu'il n'a pas intérêt à vous dire la vérité. Pourquoi donc auriez-vous confiance en un candidat présenté, patronné par des gens qui n'ont pas les mêmes intérêts que vous ? Songez-y, la chose en vaut la peine ; et, après y avoir songé, vous serez de l'avis de ce cultivateur de l'Alsace qui disait l'autre jour : « Il serait bien à désirer que les représentants de la nouvelle Législative eussent tous de la *corne* dans la main, c'est-à-dire qu'ils eussent la peau durcie par le travail. »

Et, en effet, supposez que nous ayons le bon esprit d'envoyer à l'Assemblée des paysans comme nous, intéressés à voter dans le sens de nos besoins, nous serions sauvés dans quelques mois. Sans doute, nos hommes ne feraient pas de beaux discours à la tribune, ils ne s'exprimeraient pas toujours en bon français ; mais en revanche ils voteraient du bon côté, et, pour mon compte, j'aimerais mieux cinq ou six cents représentants votant la réduction de nos impôts sans dire un mot, que cinq ou six cents avocats et bourgeois parlant comme des anges et votant l'impôt des quarante-cinq centimes comme un seul homme. Les lois votées sont des mâles, les paroles de tribune sont des femelles.

Encore une fois, mes amis, songez-y ; la chose en vaut la peine.

Quatrième Lettre.

Passy, le 2 mars 1849.

Je vous disais, dans ma dernière lettre, que d'honnêtes cultivateurs, ayant de la *corne* dans la main et du bon sens dans la tête, feraient de la meilleure besogne, à l'Assemblée législative, que des centaines de bavards et de bourgeois, raides à la détente toutes les fois qu'il s'agit d'améliorer le sort de ceux qui souffrent. Je maintiens mon dire et n'en démordrai pas. Mais je vous vois venir de loin et vous entends d'ici me répondre que ce qui est facile en théorie, ne l'est malheureusement pas toujours en pratique. Là-dessus, nous sommes d'accord. Je sais que, dans nos campagnes, nous avons certains petits défauts. Entre gens de connaissance et quand personne ne prête l'oreille, on peut, sans indiscrétion, s'avouer ces choses-là. Ainsi, pour ne parler à cette heure que d'un seul de ces petits défauts, nous dirons que nous sommes un peu jaloux les uns des autres. Mon voisin, je suppose, achète un carré de terrain sur ses épargnes; le voilà par conséquent un peu plus riche que la veille, un peu mieux considéré des gens du pays. Or, moi, qui ne peux rien acheter, je vois l'affaire de mauvais œil, je lui porte envie et me dis : Le bon Dieu n'est quelquefois pas juste : il y en a qui travaillent comme des galériens toute la sainte journée et qui n'ont pas de chance; il y en a d'autres qui ne se foulent pas la rate et qui réussissent à tout coup, comme s'ils avaient de la corde de pendu dans leur poche.

C'est un mauvais sentiment, sans doute; mais enfin il faut compter avec lui, bon gré mal gré. — Il est aisé de nous prouver, à nous cultivateurs, que nous avons le plus grand intérêt à nous faire représenter par des hommes de notre profession, et que nous serons vexés, foulés, dupés, hués, tant que nous donnerons nos voix à d'autres; mais il ne sera pas aussi aisé de nous amener à choisir des candidats de notre bord. Ce n'est pas que les honnêtes gens, que les hommes de jugement manquent dans les campagnes; la difficulté viendra d'ailleurs.

Beaucoup diront: C'est une bonne place que celle de représentant! ça rapporte neuf mille francs par an; la somme est sûre : c'est le gouvernement qui paie; il n'y a pas de contretemps à craindre. Et pour gagner ces neuf mille francs, il suffit de passer six heures par jour sur des banquettes bien rembourrées et les pieds sur des tapis. Pourquoi enverrions-nous là Pierre ou Paul mener une vie de moine et faire sa bourse, ainsi qu'un marchand de bœufs; tandis que, pendant ce temps-là, nous aurions, nous, toutes les peines du monde à toucher les deux bouts après avoir essuyé le froid, le chaud, la pluie, la grêle, comme des martyrs? Pourquoi celui-là dormirait-il sa nuit pleine en toute saison, et que nous nous lèverions avant l'aube? Pourquoi mènerait-il une vie de fainéant, tandis que nous travaillerions du matin au soir? pourquoi lui plutôt que moi, plutôt qu'un autre?

Les hommes sont ainsi faits : ils réclament des franchises pour eux et les leurs ; ils les obtiennent, et, quand il s'agit de les conserver, de les développer, de les placer sous la sauvegarde des hommes de leur condition, la jalousie s'éveille et ils introduisent le loup dans la bergerie.

Voilà, mes amis, ce que j'appréhende pour les élections prochaines, et c'est pour cela que je tiens à vous dire deux mots des neuf mille francs. Le chiffre vous paraît fort, et je le comprends ; car vous savez ce qu'un sou coûte de tours de charrue et de coups de bêche, car vous vivez à bas prix, vous vous logez à bas prix, vous vous vêtissez à bas prix. Mais à la ville tout est cher : la nourriture, l'habit, le loyer, est si cher, qu'avec les droits d'entrée d'une pièce de vin à Paris, vous auriez de quoi payer au village le loyer d'une maison, d'une grange, d'une écurie et d'un jardin pour une année. Et ne savez-vous point ce qu'il en coûte de vivre à l'auberge un jour de marché ? Les grosses pièces et la menue monnaie y passent vite. Dix sous dans votre ménage profitent plus que trente sous dans votre gousset un jour de foire.

Que les neuf mille francs ne vous allèchent pas, croyez-moi ; c'est tout au plus le double des appointements d'un commis voyageur à l'année, et je ne sache pas que le commis voyageur fasse de grosses épargnes. Neuf mille francs à Paris, c'est quatre mille francs dans une petite ville de province ; c'est dix-huit cent francs dans un village. Il n'y a pas de quoi entretenir un cheval au râtelier et une carriole sous la remise.

Nommer un cultivateur représentant du peuple, ce serait sans contredit l'honorer grandement, mais ce ne serait pas lui faire un cadeau d'argent ; je soutiens au contraire qu'un chef d'exploitation, qu'un fermier gagnerait plus à rester chez lui qu'à accepter un mandat de ses concitoyens. Et, en effet, vous allez, je suppose, donner vos voix à un homme de village qui a une femme et des enfants, un petit train de culture en bon état, des goûts simples, des habitudes rustiques, qui mène une existence active, qui aime avec passion ses champs, ses blés verts et ses prés en fleurs, qui tient à son clocher et ne respire à l'aise que sous sa blouse. Vous envoyez cet homme à Paris, non pour une huitaine de jours, mais pour trois ans ; vous changez ses usages du jour au lendemain, vous lui créez une vie bourgeoise, vous l'obligez à quitter sa blouse bleue, ses souliers ferrés, vous le jetez dans un monde qu'il ne connaît pas, au milieu d'industriels de toute espèce qui l'exploiteront, le grugeront par tous les moyens; vous lui enlevez son indépendance, son bonheur calme, ses joies, son horizon, vous en faites un *monsieur*, et vous croyez que cet homme sera plus heureux que vous, et vous le jalousez. Ah! remerciez-le plutôt de son sacrifice, de son dévouement à la chose publique; car il souffrira comme un damné. Plus d'une fois il regrettera ses rudes travaux : il ne pourra rester séparé de la famille qu'il aime; son exploitation pâtira, comme pâtit toute exploitation quand l'œil du maître n'est plus là. Et puis, au bout des trois années, s'il a le courage de continuer le sacrifice jusqu'à la dernière heure, on procédera à de nouvelles élections, et l'ancien représentant restera peut-être sur le carreau. Alors, il faudra quitter l'habit bourgeois et reprendre celui du travailleur, remettre en bon état les terres négligées, réparer les brèches, rompre avec les habitudes de la ville et s'atteler à celles du passé.

A mon avis, ce n'est pas une perspective bien séduisante; et au lieu d'envier le sort de l'homme des campagnes qui aurait le courage de l'accepter, de la braver, je lui serrerais la main de bon cœur et lui saurais gré de son dévouement.

Cultivateurs, mes amis, si parmi les vôtres il se rencontre des républicains disposés à accepter la mission de défendre vos intérêts à l'Assemblée législative, faites-leur bon accueil. Ce n'est pas avec les neuf mille francs que vous pourrez payer honnêtement leurs services; vous leur devrez, en outre, une bonne somme de reconnaissance.

Cinquième Lettre.

Passy, le 7 mars 1849.

Les vieux partis qui s'en vont sont comme les gens qui se noient; ils s'accrochent à toutes les branches pour se sauver. Jugez-en plutôt par les efforts désespérés des royalistes. Ils ne veulent pas comprendre qu'ils ont fait leur temps et que les morts ne reviennent plus, comme aux beaux jours des gros miracles. Ne comptant plus guère sur les villes, ils se tournent du côté des campagnes, et se disent : — Là-bas, sous le chaume, au milieu de ces forêts, au fond de ces vallées, de l'autre côté de ces roches nues, il y a des millions d'hommes qui ne voient pas très-clair à midi, qui lisent peu ou ne lisent point, qui n'entendent rien à la politique, qui croient volontiers à toutes sortes de choses, qui ont cru, des siècles durant, que les rois de France pouvaient guérir des écrouelles et qui croiront probablement encore ce qu'il nous plaira de leur conter. — Affirmons-leur, en jurant nos grands dieux, que les républicains sont des pillards, des partageurs de biens, qu'ils en veulent aux champs du cultivateur, à ses écus et à ses bêtes, et tout de suite la peur les prendra; ils dérouilleront leurs fusils et sauteront sur leurs fourches. Nous tâcherons que cette peur-là dure des mois et des années, et, pendant ce temps, nous minerons la République, nous éviterons la restitution du milliard. Voilà ce qu'ils se disent.

La tactique n'est pas neuve; sous Louis-Philippe, nous étions déjà des voleurs et des brigands; et si je suis, pour mon compte, étonné de quelque chose, c'est que les républicains ne soient pas encore accusés de jeter des *sorts* sur les chevaux, les vaches et les moutons. Cela viendra peut-être.

Je ne retournerai point contre les royalistes les armes empoisonnées dont ils se servent contre nous. Le temps qu'ils dépensent à tromper le peuple, je l'emploierai à l'éclairer; ils en appellent à la peur, j'en appelle au sens commun.

Dans mes précédentes lettres, j'ai donné quelques bons conseils aux cultivateurs. C'était simple à comprendre, simple comme bonjour, et ils ont compris. Ceci m'encourage fort et je continue.

Dans nos villages, les journaux sont rares et on ne les conserve pas. On s'abonne entre cinq ou six par économie; et quand la feuille arrive au dernier abonné, elle est d'ordinaire en si mauvais état, qu'on la jette au bas du buffet, à côté des vieux almanachs et du papier gris. Ça sert de temps en temps à faire des bourres de fusils. Aussi, à l'heure qu'il est, nos cultivateurs seraient bien embarrassés de vous dire ce qui s'est passé à l'Assemblée nationale depuis un an bientôt. La plupart d'entre eux ne se souviennent même pas des discussions qui les intéressent le plus. Or, il me semble que deux mots sur ces discussions-là ne leur feront pas de peine, attendu qu'à l'approche des élections ils tiennent à savoir dans quel sens ont travaillé leurs représentants.

L'année dernière, on a voté un peu à l'aventure, on s'en est rapporté le plus souvent aux professions de foi; mais aujourd'hui que nous commençons à voir clair dans nos affaires, que nous ne sommes plus si jeunes en politique, nous voulons ouvrir le sac avant de nous engager à prendre le grain. S'il est bon, tant mieux; s'il est gâté, tant pis. En bonne conscience, nos cultivateurs ne doivent leurs suffrages qu'aux représentants qui ont pris souci de leur cause.

Or, il suffit à nos populations rurales de quelques votes de l'Assemblée nationale pour se former une opinion sur leurs mandataires. Ce sont les votes du 18 juillet sur l'enseignement gratuit dans les écoles militaires; du 26 septembre sur l'impôt progressif; du 30 septembre sur le vote au chef-lieu de canton; du 4 octobre sur le décret de l'enseignement agricole; du 12 octobre sur le crédit foncier; du 3 décembre sur la diminution du nombre des fonctionnaires; du 29 décembre sur l'impôt du sel, et du 31 janvier 1849 sur le budget des recettes avant celui des dépenses.

Parlons un peu, si vous le voulez bien, de chacune de ces questions importantes, et commençons par celle de l'enseignement gratuit dans les écoles militaires. Il faut de l'argent pour entrer dans ces écoles-là. Le garçon du petit cultivateur, du petit marchand, du pauvre ouvrier, ne peut y arriver, attendu qu'il en coûte, et beaucoup, pour acheter l'instruction nécessaire, pour l'acheter à l'école primaire, au lycée, à l'école préparatoire. Il n'y a que les riches qui peuvent se permettre tout au long ces dépenses-là. Or, la République, qui est le gouvernement de tout le monde et qui veut que le soleil luise un peu pour les pauvres, doit nécessairement ouvrir la porte de ses écoles aux uns comme aux autres; car enfin, ceux qui n'ont rien, ni champs, ni bois, ni prés, peuvent avoir de l'intelligence, du génie, et rendre de bons services à leur pays. Si leurs pères ne leur ont rien donné en naissant, le bon Dieu leur a donné peut-être mieux que des rentes et des châteaux. Cela s'est vu. Or, vous conviendrez qu'il y avait justice à demander la gratuité de l'enseignement. Cette proposition a été faite pour les écoles militaires d'abord. C'était peu de chose, je l'avoue; mais on nous donnait à entendre que ce serait un premier pas vers l'enseignement gratuit dans toutes les écoles sans exception. Il n'y avait pas à marchander; d'ailleurs, les gouvernements sont tellement chiches de réformes, qu'il est prudent d'accepter les à-comptes qu'ils veulent bien nous offrir dans l'intérêt du peuple.

Cependant, il s'est trouvé un certain nombre de représentants qui ont estimé l'offre trop généreuse et l'ont repoussée. En votant contre le projet de décret, ils nous ont prouvé qu'ils ne voulaient pas de l'enseignement gratuit, c'est-à-dire pour rien. C'est bon à savoir et bon à retenir. Dans quelques jours, je vous dirai leurs noms, à vous qui n'avez pas de quoi pousser loin l'instruction de vos enfants ; et quand viendront les élections de la Législative, si ces noms-là se trouvent de nouveau sur vos listes, vous leur direz : Camarades, nous n'avons pas le plus petit vote à vous donner pour le moment ; vous nous avez fait voir le tour une fois, c'est assez comme cela.

J'en aurais trop long à vous dire sur l'impôt progressif ; c'est pourquoi je remets l'affaire à la semaine prochaine.

Sixième Lettre.

Passy, le 14 mars 1849.

Vous savez la nouvelle ; mais c'est égal, j'éprouve le besoin d'en dire deux mots pour vous rafraîchir la mémoire. Il avait été convenu, et c'est écrit dans la Constitution, qu'on donnerait seize cent quarante-trois francs par jour au président de la République, centimes non compris, et qu'on le logerait pour rien. Selon vous et moi, ce n'était pas se moquer de M. Louis Bonaparte ; le chiffre était assez rond, il y avait là de quoi faire les choses honnêtement, surtout pour un célibataire.

Dans nos campagnes, nous vivrions huit cents avec cette somme ; nous pourrions même régaler nos amis le soir de la Saint-Martin et le lundi de Pâques, et on dirait de nous, à la fin de l'année : « Ces gaillards-là ne sont pas gras de lécher les murs. Plus de quarante sous par jour, hiver comme été, fêtes et dimanches compris, et pas de saison morte... ce n'est pas peu de chose. » Et pourtant le président de la République, qui ne fait pas, ainsi que nous, quatre repas, et qui n'a point l'appétit ouvert avant le soleil levant, a trouvé le traitement trop mince.

Sur ce chapitre-là, la Constitution devenait gênante ; elle ne permettait pas de l'augmenter. M. Odilon Barrot, en homme habile, a tourné la difficulté. Il a dit qu'il respectait trop cette Constitution pour demander un supplément de traitement ; qu'il ne désirait que six cents nouveaux mille francs pour frais de représentation, c'est-à-dire pour faire danser les belles dames et donner des verres de sirop à des gens qui ne sont pas malades.

Ces avocats sont pleins d'esprit, n'est-il pas vrai ? Vous leur défendez votre porte ; ils entrent chez vous par la fenêtre et soutiennent qu'ils sont dans leur droit, attendu que la loi n'a point prévu le cas. Enfin, le tour est joué, et que l'on dépense à présent la somme en mèche ou en huile, toujours est-il que les revenus du Président sont doublés, et qu'au lieu de seize cent quarante-trois francs, centimes non compris, nous lui compterons, par jour, trois mille et quelques cents francs. Mes amis, cherchez dans vos poches et dénouez le cordon de vos bourses.

Et dire qu'il y a quatre mois on nous annonçait que M. Louis Bonaparte apportait des millions à rompre dessous ; qu'il en arrivait des bateaux chargés ; que nous allions être remboursés des quarante-cinq centimes et exemptés d'impôts pendant trois ans ! Mais chut ! ne nous occupons plus de cela ; les gens mystifiés sont chatouilleux, très-chatouilleux, et je ne veux froisser l'amour-propre de personne. Dans ma dernière lettre, j'ai promis aux cultivateurs de leur parler de l'impôt progressif. Je vais leur tenir parole.

Quand il s'agit de trouver de l'argent pour un *prince*, on ne nous dit pas que le Trésor est pauvre ; on se montre généreux, on paie la carte sans marchander, comme ferait un Anglais en voyage. Mais s'agit-il de rendre service au peuple en remaniant le système des impôts, ce n'est plus cela. Cependant, il y a bien à redire là-dessus, et pour s'en convaincre, il n'est pas besoin d'être savant, tant l'injustice saute aux yeux.

On nous assure que les citoyens contribuent indistinctement aux charges de l'État dans la proportion de leur fortune. C'est un vieux mensonge : je tiens à le démontrer.

Donc, mes amis, un peu d'attention, s'il vous plaît.

A tout seigneur, tout honneur. Parlons d'abord de l'impôt foncier. Il est à remarquer que cet impôt n'est pas équitablement réparti entre les diverses localités. Ainsi, dans tel département, je verse au percepteur le sixième de mon revenu, bon an, mal an, tandis qu'ailleurs je ne paie qu'un neuvième, qu'un quinzième ou moins encore. Il est à remarquer ensuite que le classement des terrains a été indiqué par les gros propriétaires, par ceux qui ont les meilleurs champs et les meilleurs prés ; ce qui donnerait à penser qu'ils ont pu servir leurs intérêts en estimant certains de ces terrains au-dessous de leur valeur réelle. Il est à remarquer, enfin, que si on prélève le sixième d'un revenu qui suffit à peine pour nourrir ma famille, je serai plus maltraité en réalité que mon voisin qui aura des fermes ou des métairies par douzaines. C'est clair comme le jour. Si vous me prenez le sixième de la miche de pain qui est roulée dans la nappe au bout de ma table, il m'en reste assez pour vivre jusqu'à demain; mais si vous me prenez le sixième du dernier morceau de pain que j'ai dans la main, vous faites tort à mon estomac, vous me privez, vous me faites souffrir.

Est-ce de la justice ?

Passons maintenant à ce qu'on appelle l'impôt mobilier. On le fixe, vous le savez, non d'après la quantité et la valeur des meubles, mais d'après l'importance du loyer. Vous êtes seul, je suppose; deux petites pièces vous suffisent, et vous vivez à l'aise de votre travail. L'impôt vous atteint peu ou ne vous atteint pas.

Mais voici venir une femme, des enfants qui remuent dans tous les coins, un vieux père, une vieille mère. Votre aisance disparaît, la misère arrive, vous ne pouvez plus tenir dans les deux pièces du logement ; il vous en faut trois, il vous en faut quatre. Les murs sont nus ; vous n'avez, pour garnir la maison, que de mauvais lits, des chaises dépaillées, une mauvaise table et un miroir de trente sous. Les répartiteurs ne s'occupent pas de cela ; ils s'informent tout bonnement du prix du loyer, et vous imposent comme si vous aviez des meubles en acajou, des glaces de six pieds, des fauteuils rembourrés de crin et recouverts de velours.

Est-ce de la justice ?

Et que dirons-nous de l'impôt sur les portes et fenêtres? La lucarne de la chaumière paie tout autant que la fenêtre du château; aussi n'est-il pas rare de rencontrer de pauvres villageois qui, pour échapper à l'impôt, se privent presque entièrement de cette lumière du jour que Dieu nous donne et que les gouvernements nous vendent.

Est-ce de la justice ?

Un mot maintenant sur l'impôt des patentes. Comme pour les autres, c'est encore aux gueux la besace. Vous montez un petit commerce, vous faites pour dix mille francs d'affaires ou seulement pour cinq mille, et cependant vous n'en payez pas moins, le plus souvent, la même patente que le commerçant qui fait pour cent mille francs d'affaires.

Est-ce de la justice?

Et l'impôt personnel, dont les indigents seuls sont exemptés, et qui veut que chacun donne à l'État la valeur de trois journées de travail. Est-ce que par hasard la journée de travail de M. Rothschild ou de M. Fould n'est pas d'un meilleur rapport que la journée du pauvre diable qui sue douze heures pour gagner une pièce de vingt ou trente sous? Cependant l'impôt personnel est le même pour les uns que pour les autres.

Est-ce encore de la justice?

Parlerons-nous des contributions indirectes, de l'impôt sur les vins en particulier? Oh! celui-là, c'est à faire dresser les cheveux sur la tête! Je me lève avant le jour, je travaille comme un nègre, je suis tout essoufflé, j'ai une soif d'enfer, je sens qu'un doigt de vin me remettrait d'aplomb, me ferait plus de bien que de l'eau crue ou de l'eau vinaigrée. Vous connaissez, d'ailleurs, le proverbe : Pas de vin, pas d'homme ; pas d'avoine, pas de cheval. Malheureusement, le vin ne se trouve ni dans les ruisseaux ni dans les citernes. Il faut l'acheter. Jusque-là, le mal n'est pas grand ; à raison de deux ou trois sous la bouteille, je peux me procurer du petit vin qui gratte le gosier, de la piquette : je l'achète donc : mais si j'habite la ville, si je suis occupé à un travail d'atelier, je dois compter avec les droits de circulation, d'entrée, d'octroi, qui ne finissent pas.

À Paris, par exemple, pour une pièce de petit vin qui m'aura coûté dix francs chez le vigneron, j'aurai à payer plus de quarante francs de droits de toutes sortes. C'est trop fort, je ne peux pas aboutir à ce compte-là. Donc, faute d'argent, faute d'avances, je suis forcé de me priver du nécessaire. Et songer que celui qui a de gros revenus, qui ne travaille pas d'arrache-pied, qui boit sans avoir soif, qui achète des vins de luxe à des prix fous, ne paie pas plus de droits pour une pièce de clos de Vougeot ou un muid de Médoc que nous autres pour une pièce de mauvaise qualité!

Est-ce de la justice? Non, mille fois non.

Que dirons-nous enfin de ces prestations en nature qui rappellent les corvées de l'ancien temps? Turgot s'exprimait ainsi sur leur compte : « Prendre le temps du laboureur, même en le payant, serait l'équivalent d'un impôt. Prendre son temps sans payer est un double impôt ; et cet impôt est hors de toute proportion lorsqu'il tombe sur le simple journalier, qui n'a pour subsister que le travail de ses bras. »

L'impôt des prestations en nature est injuste, parce qu'il est établi arbitrairement contre l'individu et non contre la propriété Ainsi un citoyen est taxé d'après le nombre de ses chevaux et de ses domestiques ; d'où il suit que le riche propriétaire qui ne fait pas valoir ses domaines en est exempt. Et puis la charge n'est pas égale entre le journalier et l'homme qui a chevaux et voitures ; et puis encore, il n'est pas juste que le riche propriétaire foncier qui a atteint la soixantaine, puisse se soustraire aux prestations : cette exemption ne devrait être applicable qu'aux hommes qui travaillent de leurs bras.

De tout ce que je viens de dire, il résulte que nous payons d'autant plus d'impôts que nous sommes plus pauvres, plus nécessiteux. Il y a progression en allant de la richesse à la misère.

Les républicains *honnêtes et modérés*, ceux que vous savez, pensent que cela est pour le mieux ; ils se trouvent bien de la chose, car tout le bénéfice est pour eux. Si nous étions de leur avis, ils nous feraient place de suite dans le calendrier de leurs petits saints : malheureusement, nous ne poussons pas la complaisance jusque-là ; nous voulons des réformes sociales, c'est-à-dire des réformes qui soient profitables au pauvre sans écraser les riches ; nous voulons l'impôt progressif, non pas en allant de la richesse à la misère, mais en allant de la misère à la richesse, à savoir en remontant ; nous voulons un Gouvernement à bon marché.

Quand nous aurons réduit le chiffre des recettes, il faudra bien que le pouvoir réduise celui des dépenses. Voilà le but de nos désirs, voilà notre crime. C'est à cause de cela que nous sommes des rouges, des socialistes, des gens de désordre, des scélérats comme on n'en vit jamais. Les honnêtes gens, les modérés, les purs, sont ceux qui ne trouvent rien à redire sur l'état des choses, et qui ont voté pour le maintien du vieux système des impôts. Dieu nous préserve d'un diplôme d'honnêteté à ce prix-là !

Il vous est arrivé sans doute de dîner plusieurs fois de suite à l'auberge en société de gens qui ne se refusent rien, mais qui ne s'exécutent pas dès qu'il s'agit de payer chacun son écot. Vous payez pour eux : passe pour une fois ; une seconde fois, cela devient ennuyeux ; puis, à bout de patience, vous finissez par vous fâcher et leur dites : — Ah! ça, camarades, il y a trop longtemps que cela dure, c'est de l'abus; les bons comptes font les bons amis. Nous nous trouvons dans le même cas à l'égard des privilégiés. Nous leur disons : — Voilà des siècles que vous ne vous refusez rien, que vous ne payez pas votre écot et votre *extra*. Tenons-nous-en là, ne parlons plus du passé; mais, à l'avenir, soyez plus justes, écorchez moins le pauvre diable, défaites-vous des mauvaises habitudes que vous avez contractées sous la monarchie.

Là-dessus, ils nous répondent par des injures; ils crient : *Au voleur!*

Lorsque dans les rues d'une grande ville il vous arrive de sentir la main d'un industriel se glisser dans votre poche, vous essayez de l'arrêter; vous le serrez de près. Que fait-il? Il se retourne et vous reproche avec tant d'aplomb le fait dont vous l'accusez vous-même, que le public, qui ne vous connaît pas, prend quelquefois parti pour lui. C'est ce qui nous arrive en ce moment.

Septième Lettre.

Passy, le 21 mars 1849.

On me dit que les modérés commencent à se gratter l'oreille en lisant mes lettres; que certains curés n'en disent pas de bien, et que les usuriers en disent pis que pendre. Ah! bénies soient les langues qui m'ont étrenné de la sorte, car je n'y suffis plus depuis quelques jours : on veut du fruit défendu; on y prend goût; les demandes pleuvent, et, au train où vont les choses, vous verrez qu'en moins de six semaines il n'y aura pas un laboureur, pas un vigneron sur le territoire de la République qui n'en ait un exemplaire dans le tiroir de son buffet, pas une femme qui ne les lise en cachette de son curé, pas un garçon de ferme qui ne se les fasse lire le dimanche matin, pas un enfant de douze ans qui ne veuille y mettre le nez. Grand merci! messieurs; jasez toujours, jasez plus fort, recommandez mes lettres aux fermiers de vos domaines, aux gens de votre maison, au prône de votre paroisse, aux journaux honnêtes de votre localité, et je vous assure qu'avant les élections prochaines, chacun les saura par cœur comme son *Pater et son Credo.*

Maintenant que j'ai rempli de mon mieux le devoir de la reconnaissance, permettez-moi de continuer l'examen des votes de l'Assemblée nationale. Dans le nombre, j'en sais un qui ne fait pas de bruit et qui, cependant, à lui tout seul, en dit peut-être plus long que tous les autres ensemble. Celui-là est du 30 septembre 1848. Il s'agissait ce jour-là de savoir si, dans les élections à venir, on voterait au chef-lieu de la commune ou au chef-lieu du canton. Les républicains blancs, ceux qui subissent le gouvernement actuel à titre d'essai, voulaient en général le vote à la commune. Voyez-vous, disaient-ils d'un air bonhomme et d'un ton patelin, il faut ménager les jambes des habitants des campagnes, ménager leurs bourses et rendre le suffrage facile à tous. Pour aller au chef-lieu de canton, ils sont obligés de faire quelquefois trois ou quatre lieues et de vivre à l'auberge. C'est très-fatigant, c'est coûteux, et bon nombre de citoyens, pour s'épargner cette fatigue et cette dépense, s'abstiennent de voter, surtout lorsque le temps n'est pas beau. Pour les gens qui n'y regardent pas de très-près, ces raisons-là ne paraissent pas mauvaises; mais pour nous qui connaissons les pèlerins et ne nous payons pas de cette monnaie, c'est une autre affaire. Pour mon compte, je me suis dit : Tiens, ce sont d'anciens royalistes qui nous portent beaucoup d'intérêt, qui nous font toutes sortes de politesses, à nous paysans, et nous donnent des coups de chapeau en veux-tu, en voilà; c'est étonnant, ces gens-là sortent de leurs habitudes; il y a du louche là-dessous, faisons rentrer nos poules, les renards ne sont pas loin, ils rôdent autour de la ferme.

Et, en effet, est-ce que ces messieurs nous plaignent lorsque, toutes les semaines, hormis le temps des semailles, des foins et des moissons, nous allons au marché vendre notre grain, par le chaud et le froid, la pluie ou la neige ?

Est-ce qu'ils prennent pitié de nos pauvres filles des champs qui vont à la ville, hiver comme été, bien avant que le jour se fasse, chargées de laitage, d'œufs, de fruits, essuyant les averses ou la gelée sur une place publique pendant trois et quatre mortelles heures, et cela pour attendre la vente et reporter à la maison quarante ou cinquante sous ? Il en est de ces femmes qui, tous les jours ou tous les deux jours, font ainsi deux, ou trois, ou quatre lieues, aller et retour, avec un morceau de pain sec dans leur poche; qui, en été, suent l'eau comme une éponge; qui, en hiver, soufflent dans leurs doigts pour se réchauffer, ou qui, par un temps de dégel, rentrent à la ferme crottées jusqu'aux reins. C'est plus dur que d'aller voter au chef-lieu une fois par an; je me trompe, une fois tous les trois ans, en compagnie de braves citoyens qui chantent la *Marseillaise*. On s'apitoie sur ceux-ci cependant, et on ne plaint pas celles dont nous parlions tout à l'heure.

C'est qu'on ne joue point cartes sur table avec nous, c'est qu'on nous cache la vérité. En demandant le suffrage au chef-lieu de la commune, les républicains blancs, les honnêtes et modérés, ne péchaient pas par ignorance. Ils se disaient : Là, nous serons maîtres du terrain; les gros tiendront plus facilement les petits, le propriétaire du château verra son monde; il donnera une petite tape d'amitié à l'un, une petite tape d'amitié à l'autre; il promettra de l'ouvrage au journalier, il l'attendra quelques mois pour le paiement de son terme de loyer; madame habillera sa fille le jour de la première communion, ou lui fera un joli cadeau le jour de ses noces.

Le curé donnera aussi son coup de main dans la circonstance; il endoctrinera les femmes, promettra le paradis aux unes et réservera l'enfer aux autres, selon que les maris voteront du bon ou du mauvais côté. Et, si les promesses ne réussissent pas, on aura recours aux menaces. A fin de bail, on retirera au père Jean la ferme qu'on fait valoir dans sa famille de père en fils, on ôtera à l'aîné de ses garçons la place de garde particulier qui l'aide à vivre honnêtement, on ne cherchera pas à faire réformer le cadet qui a amené un mauvais numéro au dernier tirage. Si son voisin ne vote pas dans le sens de Henri V ou du *comte de Paris*, on prendra un autre journalier à sa place pour creuser les fossés, faucher les luzernes et rentrer les gerbes. On ne donnera plus d'ouvrage à celle de ses filles qui est couturière; on ne donnera plus de linge à repasser à celle qui est blanchisseuse. Il y a aussi dans la commune des gens qui n'ont pas de biens au soleil, et qui s'avisent, malgré cela, de nourrir une vache, une chèvre ou une brebis. Ces bêtes-là, pour avoir mangé un peu d'herbe défendue, ont fait condamner leurs maîtres en justice de paix à des dommages-intérêts qui montent jusqu'à 10 ou 15 francs. S'ils votent bien, nous leur en ferons remise; autrement, nous menacerons de les mener loin. Et puis, dans les villages où il n'y a pas de bois communaux, les pauvres gens ont l'habitude de casser et de ramasser les branches mortes dans les bois de M. tel ou tel, afin de se réchauffer un peu durant la saison d'hiver.

Or, M. tel ou tel est presque toujours un homme d'ordre, attaché aux traditions honnêtes ; et il imposera ses conditions aux ramasseurs de branches mortes.

La plupart des représentants qui ont demandé le vote à la commune se sont probablement dit tout bas ce que je vous dis tout haut. Et pour beaucoup d'entre vous, mes amis, ç'a a été la bouteille à l'encre ; vous n'y avez vu que du noir. Mais à présent que je vous ai expliqué le tour, vous y voyez clair comme en plein midi. Tenez, croyez-moi, toutes les fois que vous verrez venir à vous, le chapeau à la main et les compliments à la bouche, des gens qui n'ont pas l'habitude de manger la soupe à votre table, et de vous dire bonjour quand vous passez en blouse à côté d'eux, méfiez-vous ; il y a sous jeu un coup de Jarnac. Vous en avez un exemple dans ce que je viens de vous conter. Le jour où les représentants honnêtes et modérés vous faisaient des cajoleries et prenaient si chaudement parti pour vos jambes, ils voulaient tout simplement enchaîner votre liberté par les moyens que vous savez. C'est comme à la veille des élections, les hommes les plus polis, les plus gracieux, les plus coulants en affaires, les plus familiers vis-à-vis de nos cultivateurs, sont précisément ceux qui, six mois auparavant, ne leur adressaient jamais ni parole ni salut, à moins que ce ne fût pour leur tirer de l'argent. Tant va la cruche à l'eau, qu'à la fin elle se casse ; tant l'escamoteur renouvelle son tour, qu'à la fin on découvre les ficelles.

Les représentants qui voulaient le vote à la commune n'ont point réussi, c'est vrai, et à mon avis c'est fort heureux. Quoi qu'il en soit, n'oubliez pas de rechercher leurs noms, et souvenez-vous-en aux élections prochaines. De deux choses l'une : ou ce sont des hommes qui gardent rancune à la République, et voudraient lui donner du fil à retordre ; ou ce sont des hommes à vue courte qui ne sauraient être juges des couleurs à quinze pas de distance, et pourraient, sans le vouloir, prendre un beau jour la monarchie pour la république.

Vous comprenez maintenant, mes amis, qu'il était du devoir des vrais républicains, de ceux que l'on vous pousse à détester, de rejeter le vote à la commune et de vous donner le vote au chef-lieu de canton. Là, du moins, l'oppression n'est plus aussi commode qu'au village ; les comptes ne s'y règlent pas tout à fait en famille et sous le manteau de la cheminée ; le bureau est obligé de faire son devoir ; on le surveille de près ; on peut, avant d'aller au scrutin, prendre de bons conseils, mettre de côté les bulletins imposés par les gros du pays, et en préparer d'autres sans compromettre son existence et celle de sa famille. En un mot, on redevient libre d'agir selon sa conscience et son intérêt bien entendu.

Tirez bon parti de cette liberté, prenez bien vos mesures, épluchez bien vos candidats ; et, vous rappelant ce proverbe de Jacques Bujault : « Tant vaut l'homme, tant vaut la terre, » dites en politique : Tant vaut le représentant, tant vaut la République.

Huitième Lettre.

Passy, le 28 mars 1849.

Voici ma dernière lettre, ce qui ne veut pas dire qu'après cela je resterai les bras croisés. L'heure serait mal choisie.

Vous connaissez les sept premières ; vous les avez lues avec attention et parfaitement comprises. C'était facile, d'ailleurs. Entre nous, il n'y a pas de phrases à grand ramage, pas de mots ronflants ; nous causons tout bonnement de choses et d'autres, comme au coin du feu, sans façon, de camarade à camarade, sans nous occuper de ce qu'en penseront les savants de l'Académie. Au lieu de faire six fois le tour de la maison avant d'entrer dedans, nous entrons de suite, nous autres, et sans frapper ; nous disons : Ceci est blanc, cela est noir ; ceci est bien, cela est mal. Les gens qui ont des blouses bleues et des guêtres de treillis, ne tiennent pas à ce que la vérité soit coquette et empesée ; ils la veulent ronde et franche, la mine ouverte, l'œil au grand large et se posant carrément. Quand on dore la pilule au pauvre monde, c'est qu'on se prépare à lui faire avaler des mensonges.

Or, vous savez que je ne vous en ai point contés. Consultez vos souvenirs ; et, la main sur la conscience, vous reconnaîtrez que je vous ai parlé sans passion, sans haine, sans méchanceté, à la manière d'un homme sûr de ce qu'il avance, connaissant bien les maux qu'il indique et les remèdes qu'il propose.

Cependant, les royalistes ne sont pas de cet avis; ils prétendent que mes lettres sont empoisonnées, que c'est de l'arsenic tout pur, qu'il y a dedans de quoi faire rendre l'âme à la société.

Aussi, les gros bonnets de ce bas monde, les banquiers, les usuriers, les anciens ministres de Louis-Philippe, les marquis de tous les régimes, les purs, les vertueux, ceux qui communient le matin et calomnient le soir, se sont cotisés pour vous servir des petits livres, où l'on vous dira que nous sommes des démagogues, des enragés, des partageurs de biens, des scélérats. C'est ce que ces messieurs appellent du contre-poison, dans leur langage honnête et modéré.

En attendant qu'ils vous distribuent leur baume, permettez-moi, mes amis, de vous empoisonner encore une fois. J'ai à vous entretenir aujourd'hui de l'enseignement agricole, du crédit foncier, de la taxe du sel et du budget.

Jusqu'à ce jour, les gouvernements ne nous ont pas gâtés. Dans nos campagnes, nous ne recevons de leurs nouvelles que par le percepteur. On nous présente un bordereau, et on nous dit : Payez. Quand nous ne payons pas, on nous envoie le garnisaire, on vend nos meubles et tout est réglé. Cependant, les impôts n'ont pas été inventés pour le roi de Prusse ; lorsque nous donnons de l'argent au percepteur, c'est pour que l'État nous le rende en bons services, pour qu'il nous donne un coup de main par-ci par-là. Eh bien! c'est nous qui payons le plus et recevons le moins; c'est nous qui avons les plus grands besoins et sommes les plus mal partagés. Cela se comprend; les pauvres honteux, ceux qui souffrent en silence et n'osent tendre la main, ont été plus à plaindre dans tous les temps que ceux qui tendent leur chapeau au détour d'une rue. On n'ouvre qu'à celui qui frappe; c'est une vérité vieille comme le monde. Or, nous ne frappons à aucune porte; nous ne faisons aucune démarche; nous attendons, et, en attendant, nous acquittons nos douzièmes sans marchander. Les commerçants, les industriels, entendent mieux que nous les affaires; aussi ont-ils été plus favorisés sous la monarchie. Ils ont à leur portée de belles routes, de bons débouchés pour leurs marchandises, des moyens de transport faciles, des écoles où leurs enfants peuvent s'instruire comme il faut et à bon marché. Là, on leur enseigne ce qui convient à leur profession. Pour nous, c'est bien différent : nous n'avons que l'école du village ; et, quand nous habitons un hameau, il faut que nos pauvres enfants fassent souvent une demi-lieue, aller et retour, en hiver, par le froid, la pluie, la neige, le brouillard, pour aller chez M. le maître de la paroisse apprendre à lire, à écrire et à chiffrer. C'est bien quelque chose, sans doute: c'est la clef de tout ; mais ce n'est pas assez. Pour être bon cultivateur, s'il suffisait de savoir tenir une charrue, semer égal, manier une faucille et une faulx, peigner un chariot de foin ou charger une charrette de gerbes, l'affaire irait seule, le père de famille s'acquitterait de la besogne mieux que personne; mais, pour être bon cultivateur, il faut plus que cela, il faut connaître bien des choses. Les royalistes seuls osent avancer le contraire ; ils ont leurs raisons pour cela.

Tant que nous ne serons pas instruits, on ne comptera pas avec nous ; on nous regardera comme de bonnes bêtes faciles à tromper ; on ne diminuera pas nos impôts ; on ne nous accordera rien, et on nous dédaignera par-dessus le marché. Mais du jour où nous pourrons tenir tête aux beaux parleurs et même leur en revendre, ce qui n'est pas difficile, l'habit fin se rapprochera de la blouse ; on ne nous toisera plus des pieds à la tête, et les mauvais drôles de la monarchie ne chercheront plus à nous prouver que deux et deux font cinq, et qu'un écu rogné vaut mieux qu'un écu qui ne l'est pas.

Quand le cultivateur comprendra bien tout ce qu'il y a de beau dans sa profession, il l'aimera mieux qu'il ne l'aime ; il ne poussera pas ses enfants à courir les villes ; il n'en fera plus si souvent des médecins, des avoués et des avocats sans clientèle : les hommes d'intelligence ne déserteront plus les campagnes ; ils y resteront ; ils y donneront de bons conseils.

Quand le cultivateur aura acquis toutes les connaissances qui lui sont nécessaires, les savants de la ville seront bien souvent de petits garçons à côté de lui. Or, je ne vous le cache pas, je voudrais voir cela, et tous les bons républicains voudraient le voir aussi. Tant que nous n'aurons pas pris cette revanche, je ne dormirai pas tranquille.

C'est pour y arriver que nous avons demandé l'organisation de l'enseignement agricole en France. Les gens de finance, les banquiers de l'Assemblée et leurs avocats n'en voulaient pas : la bataille a été rude ; mais nous avons gagné la partie, nous les *féroces*, les *rouges*, les *brigands*, comme disent les honnêtes et modérés.

Nous étions en bon chemin, l'argent était voté, on organisait déjà, lorsque M. Louis Bonaparte est venu nous contrecarrer avec son ministère. Comme ce sont les gens de finance, les gros bourgeois, qui le soutiennent, nous en serons pour nos frais jusqu'à nouvel ordre; on reculera l'enseignement de l'agriculture, et le cultivateur, en attendant que les républicains soient au pouvoir, continuera de payer les impôts sans en profiter.

Assez sur ce chapitre; passons à un autre.

Quand on a vu que l'argent se cachait, qu'il avait peur, ou faisait semblant d'avoir peur; quand on a entendu les plaintes s'élever de toutes parts dans les campagnes, qui est-ce qui s'est occupé du crédit foncier? qui est-ce qui a demandé la création de bons hypothécaires? Ce sont les *rouges*, à peu d'exceptions près; toujours ces coquins de *rouges* et de *montagnards*, parmi lesquels votre serviteur a l'honneur d'être, sauf vot' respect. Eh! mon Dieu oui, nous nous sommes dit: Les prêteurs d'argent ont peur ou ils conspirent contre la République; c'est un malheur, mais comme avec le ciel il est des accommodements, nous ne voulons pas que les campagnes souffrent de la peur des uns et de la conspiration des autres. Remplaçons l'argent par de l'excellent papier, créons les bons hypothécaires bien et solidement garantis, donnons au cultivateur qui a besoin de faire travailler ou qui veut entreprendre un commerce agricole quelconque, la facilité d'agir. Il a un champ, une maison, un domaine qui ne doivent rien à personne; ce domaine, cette maison, ce champ, ont une valeur qui peut être représentée par du papier. Faisons l'avance d'une partie de cette valeur en bons, en billets qui vaudront bien ceux de la Banque de France, prêtons au cultivateur à trois pour cent, facilitons le remboursement du prêt, et de la sorte nous lui rendrons service. Cela se fait en Prusse et ailleurs; on s'en trouve bien partout, pourquoi nous en trouverions-nous mal?

Là-dessus les honnêtes et modérés ont crié: *A l'assignat!* comme ils crient: *A la guillotine!* toutes les fois que nous demandons l'abolition de la peine de mort. Le fin mot de la chose, c'est que les bons hypothécaires auraient fait sortir l'argent de ses cachettes et réduit le taux de l'intérêt. Les républicains honnêtes n'y eussent point trouvé leur compte.

Un mot maintenant sur la taxe du sel.

Cette fois encore, ce sont les républicains qui ont demandé l'abolition de cet impôt ou tout au moins sa réduction; ce sont les modérés qui s'y sont opposés, sous prétexte d'économie, comme s'ils parlaient d'économie quand il s'agit de donner à M. Louis Bonaparte *six cent mille* francs en sus de ce que lui accorde la Constitution, ou de donner des pensions à des préfets de Louis-Philippe munis de faux certificats qui établissent qu'ils sont invalides, quand tout le monde sait qu'ils sont riches et se portent bien !

Un mot enfin sur le budget.

Les républicains se sont dit : « Quand un homme n'a que vingt-cinq sous à manger par jour, il doit s'arranger de façon à n'en pas manger trente. » Il doit en être de même pour un bon gouvernement. Le seul moyen de l'amener à se conduire économiquement, consiste à lui voter un budget convenable, ni trop mince ni trop gros, et de lui recommander ensuite de ne rien dépenser au delà, de régler ses dépenses sur ses recettes. Les honnêtes et modérés ne l'ont pas voulu ; ils ont dit au gouvernement : « Dépense à ta guise, présente-nous tes comptes après, et nous voterons les impôts pour payer la carte. » De cette manière, leurs créatures ne souffriront pas, les choses resteront comme sous la monarchie, on ne simplifiera pas les rouages de la machine. C'est ce qui vous explique pourquoi tous les employés du gouvernement portent les modérés dans leur cœur, et nous détestent si cordialement.

Au revoir, mes amis ; bonne chance à vous tous. Que la branche de buis, bénie le jour des Rameaux, vous préserve du feu du ciel, et que mes lettres vous préservent des royalistes dans cette vie et de leur compagnie dans l'autre.

Nantes, Imprimerie L. Guéraud.